Pedro Calderón de la Barca

El divino Orfeo

Créditos

Título original: El divino Orfeo.

© 2024, Red ediciones S.L.

e-mail: info@linkgua.com

Diseño de cubierta: Michel Mallard.

ISBN rústica: 978-84-96428-35-5.
ISBN ebook: 978-84-9897-221-4.

Cualquier forma de reproducción, distribución, comunicación pública o transformación de esta obra solo puede ser realizada con la autorización de sus titulares, salvo excepción prevista por la ley. Diríjase a CEDRO (Centro Español de Derechos Reprográficos, www.cedro.org) si necesita fotocopiar, escanear o hacer copias digitales de algún fragmento de esta obra.

Sumario

Créditos _____ **4**

Brevísima presentación _____ **7**
   La vida _____ 7

Personajes _____ **8**

Acto único _____ **9**

Libros a la carta _____ **61**

Brevísima presentación

La vida

Pedro Calderón de la Barca (Madrid, 1600-Madrid, 1681). España.
Su padre era noble y escribano en el consejo de hacienda del rey. Se educó en el colegio imperial de los jesuitas y más tarde entró en las universidades de Alcalá y Salamanca, aunque no se sabe si llegó a graduarse.
Tuvo una juventud turbulenta. Incluso se le acusa de la muerte de algunos de sus enemigos. En 1621 se negó a ser sacerdote, y poco después, en 1623, empezó a escribir y estrenar obras de teatro. Escribió más de ciento veinte, otra docena larga en colaboración y alrededor de setenta autos sacramentales. Sus primeros estrenos fueron en corrales.
Lope de Vega elogió sus obras, pero en 1629 dejaron de ser amigos tras un extraño incidente: un hermano de Calderón fue agredido y, éste al perseguir al atacante, entró en un convento donde vivía como monja la hija de Lope. Nadie sabe qué pasó.
Entre 1635 y 1637, Calderón de la Barca fue nombrado caballero de la Orden de Santiago. Por entonces publicó veinticuatro comedias en dos volúmenes y *La vida es sueño* (1636), su obra más célebre. En la década siguiente vivió en Cataluña y, entre 1640 y 1642, combatió con las tropas castellanas. Sin embargo, su salud se quebrantó y abandonó la vida militar. Entre 1647 y 1649 la muerte de la reina y después la del príncipe heredero provocaron el cierre de los teatros, por lo que Calderón tuvo que limitarse a escribir autos sacramentales.
Calderón murió mientras trabajaba en una comedia dedicada a la reina María Luisa, mujer de Carlos II el Hechizado. Su hermano José, hombre pendenciero, fue uno de sus editores más fieles.

Este fue uno de los Autos sacramentales que tuvo cierta relevancia en América y fue representado en Perú en 1687. Pertenece al grupo de autos inspirados en la mitología clásica.

Personajes

Orfeo
Aqueronte
Aristeo
El Amor
Albedrío
Eurídice
La Gracia
Gente
Músicos

Acto único

(Suenan cajas destempladas y sordinas y cae despeñado Aristeo, vestido de demonio galán.)

Aristeo   Fiera soberbia mía,
de quien dice la gran sabiduría
del espíritu alado
de Dios que es el caballo desbocado,
que bien tu afecto enseña   5
pues hasta los abismos me despeña,
¿qué tierra es la que piso?
Ni aun las sombras diviso
siendo mi vista aquella
que al salir examina estrella a estrella.   10
¿Qué pálidas tinieblas
el universo ocupan? Tristes nieblas
confunden su armonía,
criado el cielo, la tierra está vacía,
la densa sombra que encendí yo mismo   15
sobre la superficie del abismo.
A aqueste y a aquel lado
de Dios el grande Espíritu ha llevado
sobre las aguas todo
hecho un globo, una masa está de modo   20
sin ley, sin forma, ni uso,
opaco, triste, lóbrego y confuso
y porque informe y ciego, los poetas
caos le dirán y nada los profetas.
¿Quién creerá de este modo   25
su fábrica mezclada
que siendo el todo nada y nada el todo,
por estar todo junto no sea nada?

Orfeo (Canta dentro.) Pues mi voz en el principio
 el cielo y la tierra cría, 30
 después del cielo y la tierra
 hágase la luz del día.

Aristeo ¿Pero qué voz es esta
 que grandes maravillas manifiesta?

(Sale por lo alto, al otro lado de donde cayó Aristeo, Orfeo de pastor galán con un instrumento cantando.)

Orfeo (Canta.) Pues mi voz en el principio 35
 el cielo y la tierra cría,
 después del cielo y la tierra
 hágase la luz del día.

Aristeo ¿Qué resplandores tan bellos
 las estrellas iluminan? 40
 ¿De quién esa luz se causa,
 de su voz o de mi vista?

Orfeo (Canta.) El firmamento de estrellas
 entre las aguas asista
 resplandeciente y las aguas 45
 de las aguas se dividan.

(Corren fuentes.)

Aristeo Todo se causa a su voz,
 solo con que ella lo diga.

Orfeo (Canta.) Encarcélense las sombras
 y la tierra florecida 50
 muestre su faz, tenga hierba,

                            flores, frutos y semillas.

(Descúbrese la tierra con árboles y plantas.)

Aristeo   Ya la tierra reverdece
                     con alma vegetativa.

Orfeo (Canta.)   Háganse dos luminarias   55
                     que eternamente encendidas,
                     una presida a la aurora
                     y otra a la noche presida.

(Sol y Luna a los lados.)

Aristeo   ¡Qué dos lámparas tan bellas
                     se ven en el cielo fijas,   60
                     Luna y Sol! ¡Qué dos criaturas
                     tan raras y peregrinas!

Orfeo (Canta.)   Las aguas produzcan peces
                     que siempre su centro vivan

(El mar con peces.)

                     y crucen el viento aves   65
                     con música y armonía.

(El viento con aves.)

Aristeo   Pájaros y peces ya
                     las ondas y aire acuchillan.

Orfeo (Canta.)   Los animales diversos
                     todos a mi voz asistan   70

	y multiplíquense y crezcan en especies exquisitas.	

(Animales diversos.)

Aristeo	La dulzura de este canto tiene virtud atractiva.	
Orfeo (Canta.)	La naturaleza humana se forme a mi imagen misma. Ven, esposa, a mi cabaña para que todos te sirvan.	75
Aristeo	Sonó la voz soberana et omne factum est ita.	80

(Sale Eurídice, vestida de labradora, y a los lados el Amor y la Gracia, también de pastores, y detrás el Albedrío de villano.)

Amor	Gran imperio es el que tiene la majestad de este fiat.	
Aristeo	¿Qué es esto, ay de mí, qué veo? Esta es la mujer altiva que vi en rasgos y bosquejos de matices y de líneas, cuando envidioso de ver estupendas maravillas en el barro ejecutadas, en el lodo conseguidas, la naturaleza humana con amagos de divina no quise adorar turbando superiores jerarquías.	85 90

	¡Oh, qué mujer tan bizarra!	95
	Siendo yo la envidia misma,	
	¿qué mucho que tenga celos,	
	si los celos son envidia?	
	Huyendo de verla voy	
	en la dulce compañía	100
	de la Gracia y del Amor,	
	que son los que la apadrinan.	
	Mas disfrazado, pues soy	
	el padre de la mentira,	
	turbaré su paz haciendo	105
	que la esposa que ahora estima	
	este músico divino	
	venga a ser empresa mía.	

(Vase.)

Orfeo	¡Qué rigor, qué horror, qué rabia,	
	qué furia, qué pena, qué ira	110
	por siete cuellos bostezan	
	las cabezas de la hidra!	

Eurídice	La voz de mi esposo oí	
	de cuya dulce armonía	
	la Luna rayos esparce,	115
	el Sol resplandores brilla,	
	la tierra produce flores,	
	pájaros el viento giran,	
	peces las espumas cortan,	
	los animales animan	120
	y todos porque la escuchan	
	se mueven y vivifican.	
	Amor, Gracia y Albedrío,	
	pues que sois mi compañía,	

	responded también cantando;	125
	dadle gracias infinitas	
	al más gallardo pastor	
	que estas montañas habita.	
Albedrío	Si yo canto, yo aseguro	
	que a mi dulce melodía	130
	se muevan aves y brutos,	
	peñascos y fuentes frías	
	como a la voz de tu esposo.	
Eurídice	¿Es posible que eso digas?	
Albedrío	Sí; mas moveránse huyendo,	135
	que en moverse no se explica	
	que llegaran para oírme,	
	pues virtud tiene atractiva	
	quien se va como quien viene;	
	y a la primera voz mía	140
	se moverán todos, puesto	
	que huirán todos por no oírla.	
Eurídice	Enamorado pastor,	
	que tú, de tu boca misma,	
	así te llamas, pues dices	145
	yo conozco ovejas mías.	
	El Verbo divino eres,	
	que quien dice Verbo explica	
	voz y si tu voz sonora	
	obra tantas maravillas,	150
	y el Verbo y la voz se entienden	
	en una sentencia misma,	
	bien digo que ha sido el Verbo	
	quien todas las cosas cría.	

Músico has sido excelente. 155
Canto es tu voz que publica
tu Amor y así en los cantares
lo entenderá, cuando diga
San Clemente Alejandrino,
viendo que entiendes la cifra 160
de la música del orbe,
que eres maestro de capilla.
Las letras que tú compones
de variedades distintas
son cielo y tierra; los dos 165
son soberana poesía.
Verso y poema es del cielo
con acordada armonía;
poema y verso es la tierra:
la eterna Sabiduría 170
lo entiende así, cuando dice
que con número y medida
todo fue criado, como
Crisóstomo nos lo explica.
El instrumento templado 175
eres tú y su melodía
te ha de aplicar Agustino,
cuando sobre un rey salmista,
con Ambrosio y Genebrardo,
te llaman salterio y cítara. 180
Oficio es del orador
atraer con la energía
y afectos de la oración
cuantos la escuchan y miran.
Llámante Divino Orfeo, 185
porque Orfeo significa
orador y tú lo eres
tanto que atraes y cautivas

a tu oración cuanto quieres
que te obedezca y se rinda.   190
Luego pastor y poeta,
músico, orador y lira
eres en grande misterio
de todos ellos la enigma.
Y para decirlo todo,   195
Orfeo es bien que te diga.
Pues mi amado y dulce Orfeo,
a tus pies estoy rendida,
tu esclava soy, no tu esposa;
temiendo vivo las iras   200
de tu poder y porque
veas si mi ser se humilla,
Eurídice he de llamarme,
que Eurídice significa
Justicia y pues fui criada   205
en original justicia,
teniendo siempre delante
la imagen de mis cenizas
y de tu justicia siempre
el poder que atemoriza,   210
Justicia ha de ser mi nombre,
y así si mi amor te obliga,
llámame Eurídice, puesto
que el nombre que busco explica
por qué Eurídice y Orfeo   215
tan enamorados vivan
que el amor de los dos pase
los términos de la vida.

Orfeo   Tanto, esposa, me enamoras
cuando tu hermosura humillas   220
que con mi Amor y mi Gracia

	has de tener compañía.	
	Bien ves que Gracia y Amor	
	son los dos que te apadrinan;	
	tanto a los dos estimé	225
	que a estas montañas altivas	
	selvas de Amor y de Gracia	
	con sus nombres se apellidan.	
	Sube a mi cabaña. En ella	
	con las sombras te convida	230
	la siesta; pasa el rigor	
	del Sol, dulce esposa mía,	
	en mis brazos.	
Amor	Y es razón	
	porque la tierra que pisa	
	de ponzoñosas serpientes	235
	poblada está y ser podría	
	que alguna disimulada	
	entre hermosas clavellinas	
	su cándido pie mordiese.	
Orfeo	¿Tú, como Amor, desconfías?	240
Eurídice	Ya sé, Señor, que hay serpientes	
	y que escondidos habitan	
	los áspides en las flores	
	y las pomas que iluminan	
	gualda, grana, oro y carmín,	245
	tornasoladas a listas,	
	del veneno están tocadas.	
Orfeo	Por eso, Eurídice mía,	
	llega solo a la que yo	
	te señalare y permita;	250

17

	sígueme esposa.	
Eurídice	Mis voces tus alabanzas repitan.	

(Vanse los dos.)

Albedrío	Muy mal me estuviera a mí y fuera cosa muy linda que para haber de comer cada vez licencia pida.	255
Gracia	¿No ves que la más hermosa manzana tiene podridas las entrañas?	
Albedrío	¿Pues hay más de mondarla y de partirla y en viéndola sana, zas?	260
Gracia	No está el peligro en la vista, que está en el gusto el peligro.	
Albedrío	Siempre los gustos peligran.	
Gracia	¡Qué loco eres!	
Albedrío	Claro está que siendo yo libre había de ser loco, que no es la locura, si lo miras, más que darse libertad para que se haga y diga todo cuanto yo quisiere	265 270

                    y en aquesto se averigua
                    libre el loco, el loco libre,
                    porque es una causa misma.
                    Y pues soy libre Albedrío,   275
                    ningunas leyes me obligan
                    por fuerza, porque a los locos
                    no les ponen ni les quitan.
                    Libre nací, loco soy
                    y toda la villa es mía   280
                    porque del desvergonzado
                    dicen que es toda la villa.

Amor   ¿Cuándo has de estar cuerdo?

Albedrío   Nunca,
                    que es tan dulce golosina
                    que el que la prueba una vez   285
                    o tarde o nunca la olvida.
                    Con cuidado y vigilancia
                    curó a cierto loco un día
                    un su amigo y él, sanando,
                    el cuidado agradecía   290
                    diciendo: ¡Dios te perdone,
                    que buenos ratos me quitas!

(Vanse y sale Aristeo de labrador galán.)

Aristeo   Altos montes que al cielo,
                    gigantes de esmeralda, alzáis con saña
                    esa arrugada frente,   295
                    ajando el azul velo
                    que en la nevada espalda
                    asegura su fábrica eminente
                    donde la transparente

selva, que en luces bellas 300
al Sol causa desmayos
y equivocando rayos
de flores y de estrellas,
tanta noticia pierde
que al fin es monte azul o cielo verde, 305
así privilegiados,
siempre alegres y hermosos
duréis, siendo del Sol verdes faetontes,
tanto que, aunque anegados
en abismos undosos, 310
en montes de agua o piélagos de montes,
hasta en los horizontes
vecinos os respeten
las injurias del hado
y al sitio coronado 315
de espumas se sujeten,
levantando con hielos
murallas de cristal hasta los cielos,
así libres del agua,
no pueda en triste abismo 320
profanaros tampoco tanto fuego
como mi pecho fragua
y volcán de mí mismo
los ojos llegan, cuando a veros llego
triste, confuso y ciego, 325
y el diluvio segundo
que abortará la esfera
no os abrase ni hiera
y sin ruina del mundo
os dejen sus desmayos 330
incendios de agua y tempestad de rayos,
que en vuestros campos bellos
un pastor disfrazado

	admitáis, que también pastor he sido.	
	A vivir vengo en ellos	335
	adonde mi ganado	
	ha de ser el rebaño más perdido.	
	Cobarde, aunque atrevido,	
	amo a Eurídice bella	
	que es la esposa de Orfeo.	340
	Mi amor y mi deseo	
	así me trae a vella;	
	la esposa es mi cuidado	
	del músico de Gracia enamorado.	

(Sale el Albedrío.)

Albedrío	No es mi trabajo pequeño,	345
	que aquesto de no poder	
	a todas horas comer	
	me quita muchas el sueño.	
Aristeo	¡Qué bien del intento mío	
	la ocasión que pretendí	350
	se dispone, pues allí	
	he visto al libre Albedrío!	
	Que no le conozco quiero	
	fingir: ¡Ah, pastor! ¡amigo!	
	¿Qué senda es esta que sigo;	355
	qué clima, di, o qué hemisferio	
	es este que voy perdido?	
Albedrío	En lo que el camino erráis	
	se ve que perdido vais,	
	pues por aquí habéis venido,	360
	que no hay paso por aquí:	
	¿la luz del Sol no os guió?	

Aristeo	No, que la luz me faltó	
	y por eso me perdí.	
Albedrío	Aquestos campos que piso	365
	son, ajenos de desgracia,	
	las mansiones de la Gracia,	
	que esto dice paraíso.	
	Ella vive aquí y aquí	
	sabed que vive con ella	370
	una labradora bella	
	a quien de Albedrío serví.	
	Llámase Eurídice y es	
	mujer del divino Orfeo,	
	grande músico.	
Aristeo	Deseo	375
	tengo de verle.	
Albedrío	Este, pues,	
	hijo es de Apolo, aquel Dios	
	que con la luz de su lumbre	
	no hay esfera que no alumbre,	
	y aunque Hijo y Padre, los dos	380
	son iguales y una bella	
	musa madre suya fue;	
	Calíope dicen que	
	se llamaba, porque ella	
	es de las ciencias abismo	385
	y este Hijo que nació	
	en las ciencias la heredó	
	de su entendimiento mismo.	
	Muy larga cuenta os he dado	
	de tierra, esposo y esposa	390

| | y esta es la primera cosa
que en juicio en mi vida he hablado.
Dadme agora cuenta vos
de quién sois y adónde vais. | |
|---|---|---|
| Aristeo | Forzoso es que lo sepáis
porque hemos de ser los dos
de eterna amistad testigos. | 395 |
| Albedrío | Yo amigo vuestro no haré
porque tenéis, a la fe,
cara de pocos amigos. | 400 |
| Aristeo | Yo soy, sutil Albedrío,
un extranjero pastor
que en otro campo mejor
conduje el ganado mío.
Por casos que sucedieron
la fortuna me ha obligado
hoy a vivir desterrado,
y pues aquí me trujeron
mis errados pasos, yo
servir en ellos deseo. | 405

410 |
| Albedrío | ¿Cómo os llamáis? | |
| Aristeo | Aristeo. | |
| Albedrío | Aristeo y pastor no
viene bien, si considero
que Aris es nombre de Marte
y que el teo dice aparte
óptimo, de quien infiero
que todo junto es decir | 415 |

	príncipe.	
Aristeo	Quizás lo soy,	
	aunque en este traje estoy.	
Albedrío	Gana me dais de reír.	420
	¿Quién escucha y no celebra	
	que a ser pastor se venía	
	un príncipe que podía	
	venir a ser la culebra	
	de estos jardines, mejor,	425
	langaruta triste y fea?	
Aristeo	¿No podrá ser que lo sea?	
Albedrío	Endemoniado pastor,	
	estoy por nombrar aquí	
	suegra o tía para ver	430
	si también lo podéis ser,	
	que si a esto decís que sí,	
	que es más que culebra, a fe	
	que es vuestra locura extraña.	

(Salen Eurídice y la Gracia.)

Eurídice	En tanto que en mi cabaña	435
	dormido al Amor dejé,	
	con el rubí y la esmeralda,	
	con el jazmín y el clavel	
	quiero tejer para él,	
	Gracia mía, una guirnalda.	440
Albedrío	Ya que habéis salido aquí,	
	si os queréis entretener,	

	pues dicen que suele hacer	
	un loco ciento, de mí	
	sabed que el pastor que veis	445
	hoy a estos campos llegó	
	y es mayor loco que yo;	
	y si le escucháis, oiréis	
	locuras de muy buen gusto,	
	porque es príncipe, es pastor	450
	y culebra. Es lindo humor.	
Eurídice	Dile que llegue.	
Gracia	No gusto	
	de estos locos yo.	
Eurídice	Tú eres,	
	Gracia mía, escrupulosa;	
	cánsate cualquiera cosa.	455
Gracia	En efecto, ¿hablarle quieres?	
Eurídice	Yo no ofendo al dueño mío.	
Gracia	No, pero a su amor desdice.	
Eurídice	¿Pues qué he de hacer, si me dice	
	que le hable el Albedrío?	460
Albedrío	Llegad pues.	
Aristeo	Cobarde llego,	
	cuando su semblante miro.	
Gracia	Temerosa me retiro.	

Aristeo	Monstruo soy de hielo y fuego.

(Aristeo y Gracia hacen lo que dicen los versos.)

Eurídice	Mirando en los dos está	465
	mi pecho varios efectos	
	de dos contrarios sujetos:	
	a cada paso que da	
	el pastor, Gracia se va	
	otro paso retirando;	470
	esta huyendo, aquel llegando.	
	El tiempo se están midiendo	
	y lo que él tarda viniendo,	
	ella se tarda apartando.	
	Fuerza es que misterio haya,	475
	aunque a mis ojos se niegue,	
	pues para que este se llegue,	
	conviene que ella se vaya	
	y en igual línea, igual raya,	
	en medio de los dos hoy	480
	paralelo inmóvil soy	
	y debajo de un nivel,	
	cuanto estoy cerca de aquel	
	lejos de la Gracia estoy.	
Aristeo	Ya os habrá dicho pastora,	485
	que entre la nieve y la grana	
	sois albor de la mañana,	
	sois lágrima de la aurora,	
	ese zagal, que no ignora	
	los pensamientos que tengo,	490
	como a estas montañas vengo	
	a servir y merecer,	

	donde solamente ser	
	esclavo vuestro prevengo	
	por triunfo tan soberano	495
	que, si sus aplausos llevo,	
	cuando a vuestros pies me atrevo,	
	a besar tan blanca mano	
	dichoso, alegre y ufano,	
	haréis que victoria igual	500
	con la pluma de un puñal	
	en las cortezas escriba	
	de estos troncos, porque viva	
	quizá en alguno inmortal.	
	Lámina será tan rara	505
	el papel del tronco herido	
	que el carácter esculpido	
	en la que hoy es tierna vara	
	con letra gótica y clara	
	crecer al paso se vea	510
	del árbol, hasta que sea	
	él gigante, ella inmortal,	
	una letra original	
	que el género humano lea.	
Eurídice	Albedrío, hasme engañado	515
	que este no es loco.	
Albedrío	Señora,	
	habla en culebras agora	
	y verás si he burlado.	
Eurídice	Sin causa te has apartado,	
	Gracia, que el pastor que ves	520
	discreto y gallardo es.	

Gracia	Con alabarle me harás...
Eurídice	¿Qué?
Gracia	Que dé otro paso atrás hasta ausentarme.
Eurídice	¿Que des en eso? Di, cortesano pastor, que en traje y pellico pareces mayoral rico, tu patria y tu nombre.
Aristeo	En vano cuando aquesta ocasión gano lo callara.
Albedrío	Ahora verás si es loco.
Aristeo	Escucha y sabrás una prodigiosa historia que hará en los siglos memoria.
Gracia	Yo doy otro paso atrás.
Aristeo	Yo, bellísima pastora, cuyo blanco pie produce a su contacto de nieve flores moradas y azules, soy, aunque rústico traje mi noble persona encubre, por alta naturaleza príncipe altivo e ilustre,

525

530

535

540

tan grande que el Sol hermoso,
que entre celajes y nubes
por troneras de oro y vidrio 545
manda al alba que madrugue,
aprendió la luz de mí,
pues primero que el Sol tuve
el tridente de los rayos
y el imperio de las luces; 550
antes que él resplandeciente
fui; su esplendor se presume
que se encendió en las pavesas
de mi desgraciada lumbre,
y así como a su hermosura 555
no hay tiniebla que la ocupe,
eclipse que la padezca,
ni oposición que la turbe
y victoriosa entre sombras
más resplandece y más luce 560
cuando más y más tinieblas
a su espalda se introducen,
así a mi persona no hay
disfraz que la disimule,
pellico que la desdore, 565
ni traje que la deslustre,
porque es un Sol entre sombras
que a cualquier viento descubre
la majestad de sus rayos,
de su resplandor el lustre. 570
Es Aristeo mi nombre,
nombre que el griego traduce
gran príncipe; yo lo soy
y para que no lo dudes,
la causa de mi destierro, 575
Eurídice, es bien que escuches.

Natural soy de un imperio
que todo el ámbito incluye
del cielo, cuyas provincias
altivas se distribuyen 580
en ramilletes de estrellas
que en el hemisferio influyen.
Sus muros son de diamante
donde se tallan y esculpen
crisólitos y topacios 585
y para que los inunde
un foso de cristal tiene,
firmamento que asegure
su fuego y en él se miran
almenas y balaustres. 590
Sus torres y capiteles,
gigantes de piedra, suben
hasta perderse de vista,
pues no hay lince que no dude
en qué paran, porque es 595
el pabellón que los cubre
un espacio imaginario
que los ingenios confunde.
Cortesanos de este imperio
son potestades, virtudes, 600
tronos y dominaciones,
serafines y querubes.
De estos soy yo, bien mis ciencias
te lo dirán, si es que arguyes
querub plenitud de ciencias, 605
pues tanta en mí el cielo infunde
que están en mí los objetos
de todas las plenitudes.
Tan cerca de la persona
del Rey me crié que tuve 610

grande parte en sus secretos,
si bien del todo no estuve
en su gracia confirmado,
que a estarlo una vez no dudes
que no pudiera perderla; 615
mas de suerte me introduje
con él que me reveló,
una vez que verle pude
afable, tales secretos
que altos misterios incluyen. 620
Quiso enseñarme a su esposa
entre rasgos y vislumbres
de un bosquejo, de un retrato
en cuyas sombras y luces
puso menos fuerza el arte 625
que yo admiraciones puse,
pues al instante sentí
mil celosas inquietudes
y como tan mal los celos
se finjan o disimulen, 630
porque, en efecto, no es noble
quien con celos calla y sufre,
empecé, celoso y triste,
con varias solicitudes
a mostrar cuánto sentía 635
que a los dos un lazo junte,
un amor los encadene
y una voluntad ajuste,
y como es del envidioso
naturaleza y costumbre 640
decir mal de lo que envidia,
defectos suyos propuse
a mi príncipe diciendo
que no era de sangre ilustre

por ser su naturaleza 645
inferior y que no dude
que siendo yo de mejor
esencia, adorarla excuse,
aunque el resto de su corte
por emperatriz la jure. 650
Dije y siguieron mi voz
infinitas multitudes
de vasallos rebelados
que tras mí a mi bando truje.
Hiciéronse de la parte 655
del Rey otros que presumen
de leales; en fin, yo
en comunidades puse
el reino y no hay parte donde
ya trompetas no se escuchen, 660
repetidas en los ecos
o temerosas o dulces.
Las descogidas banderas
hacen que los aires sulquen
golfos de seda y que el viento 665
de tafetanes se enlute.
Comuneros del Impíreo
dimos al Rey pesadumbre,
cuando armados escuadrones
vio sobre campos azules. 670
Para coronar mis tiendas
jeroglíficos compuse
de serpientes coronadas
que humo exhalan, fuego escupen.
Los de otro bando en las suyas, 675
como castigar presumen
delitos, señas de muerte
pusieron horcas y cruces.

Llegó de la lid el plazo
y con grandes prontitudes   680
los campos hicieron seña
mandando que se saluden
con pífanos y trompetas,
clarines y sacabuches.
Aquí el orden de los cielos   685
se pasma, aquí se confunde
de ver el reñido duelo
de vicios y de virtudes.
El Sol, temiendo tragedias,
entre las sombras lugubres   690
se despeñó, haciendo airado
que su rosicler se oculte
en el manto de la noche
que vistió negros capuces,
y a los golpes y gemidos   695
no hay llama que no se enturbie,
luz que no se desvanezca,
atención que no se angustie,
globo que no se trastorne,
ej que no se descoyunte,   700
planeta que no delire,
estrella que no caduque,
astro que no se desmaye
y con la gran pesadumbre
los polos del mundo suenan,   705
los rumbos del cielo crujen.
Sobre un valiente caballo
a todas partes discurre
el Rey y un rayo en su mano
hace que los vientos cruce,   710
cuya gran violencia vibra
relámpagos que deslumbren

sus enemigos, a quien
su grande poder destruye.
Cantóse al fin la victoria,   715
para Él sonora y dulce,
no es mucho que de acordarme
el corazón se me angustie,
la lengua se me entorpezca
y el cabello se espeluce.   720
Ya mis gentes rotas, ya
vencidas mis gentes huyen,
porque el Señor soberano
pise, huelle, arrastre y triunfe
sobre cervices que el yugo   725
de la obediencia sacuden.
Un desbocado caballo
para mi fuga dispuse
tan veloz que de un aliento
hallé por mi cuenta que hube   730
andado en él un millón
de leguas hasta que tuve,
arrojado de sus hombros,
en montes que me sepulten,
bóvedas sirviendo entonces   735
de tumbas y de ataúdes,
en cóncavos de tinieblas
que mi deslealtad oculten.
Ausente en fin de mi patria
corrí con solicitudes   740
el orbe hasta que llegué
a estos campos, cuyas cumbres
coronadas de romeros,
de lirios y almoradujes
con pomos de plata y oro,   745
dan al Sol que los produce

en braseros de esmeraldas
mil olorosos perfumes.
Aquí te vi y aquí hallé,
de escucharme no te turbes, 750
las causas de mis desdichas,
de mis penas e inquietudes,
pues te vi divina imagen
de un retrato a quien estuve
rendido, siendo tú sola 755
original, no lo dudes,
de esta copia, pues de ti
quiso Amor que se dibuje.
Y pues sin verte me debes
finezas, no es bien que acuses 760
este Amor y este deseo
desagradecida culpes.
Págame el verme por ti
con el traje que me cubre,
hecho un Etna de las llamas 765
que abrasan y no consumen.
No correspondas ingrata
porque tan bella te juzgues;
considera que al fin son
necias las ingratitudes 770
y la que es necia no es justo
que perfecta se intitule;
que no importará que sea
una caja o un estuche
hermoso, si al fin la joya 775
o la cuchilla que cubre
por ser sin valor se pierde
siendo grosero su lustre.
Ese pastor, ese esposo
de quien quiere Amor que gustes, 780

cortesano es de estos montes
entre robles y acebuches,
¿qué te sirve que a su voz
estos peñascos se muden,
estos aires se embaracen,   785
estos pájaros le escuchen,
estos cristales se paren
y aquestos brutos se junten,
si al cabo no puede darte,
aunque agradarte procure,   790
sino los rústicos dones
que los tiempos le producen?
Carámbanos el diciembre
te dará cuando desnuden
galas los troncos que vistan   795
mortajas sus senectudes;
flores te dará el abril
que no es posible que duren
más que un Sol, tan juntas viven
vejeces y juventudes;   800
daráte el agosto espigas
que al viento que las sacuden
parecen oro y después
paja son con que te burle.
¿Qué importará que te traiga   805
los pámpanos del octubre
de racimos coronados,
ni el licor que se obra dulce
sin saber cómo, detrás
de baños y de betunes?   810
Leche te dará después
desatada de las ubres
de sus ovejas que al fin
todos son dones comunes.

Yo sí que puedo servirte 815
como rey, a la costumbre
de las cortes: del oriente
traeré, como de ellos gustes,
los hijos del Sol, que ausente
él sus resplandores suplen; 820
las lágrimas que el aurora
llore, porque las enjugue
en paños de oro revueltas
perlas, aquí las presume
en los nácares que el iris 825
su color le substituye.
Coral blanco, verde y rojo
que será tuyo no dudes.
Daréte el ámbar precioso
que de sus calientes buches 830
por descansar las ballenas
a estos peñascos escupen;
plata y oro, que enterrados
aún no es bien que se aseguren,
mas si hay quien los halle, no es 835
mucho que haya quien los busque.
Te daré también... Dirás
que cómo ofrecerte pude
tanto, si desposeído
vivo del cargo que tuve. 840
Pues tú verás si lo acetas
como mis palabras cumplen
mis obras; imperios tengo
que la competencia sufren
de los cielos; mis palacios 845
he mandado que me funden
en el centro de la tierra.
Allí mi corte dispuse,

	emulación del Impíreo:	
	montes tiene que le ocupen,	850
	ríos tiene que le cerquen,	
	murallas que le aseguren,	
	estrellas que le iluminen,	
	Sol y Luna que le alumbren,	
	en que tú, bella zagala,	855
	cuando reina te intitules	
	y ate a los dos una fe	
	con un lazo indisoluble,	
	en cortes, palacios, montes	
	gobiernes, mandes y juzgues,	860
	en signos, astros, planetas	
	niegues, concedas y turbes,	
	en estrellas, Luna y Sol	
	presidas, quites y mudes	
	y en imperio, corte y reino	865
	blasones, vivas y triunfes.	
Eurídice	Disfrazado pastor	
	que a estos valles desciendes,	
	príncipe desterrado	
	de ese monte eminente	870
	que dices que es tu patria,	
	pirámide tan fértil	
	que dórica columna	
	eleva al Sol la frente,	
	hasta hablar en amores	875
	te escuché cortésmente,	
	pero cuando soberbio	
	a mi deidad te atreves	
	es fuerza castigarte	
	con iras y desdenes.	880
	Estos campos de Gracia,	

	que el apellido adquieren	
	de esa bella pastora	
	con quien yo vivo siempre,	
	no están acostumbrados	885
	a disfraces que tienen	
	veneno en las razones	
	y en el semblante muerte.	
	Vete de mi presencia	
	y de mi vista vete,	890
	que con horror te miro	
	porque una sombra eres	
	que con solo el aliento	
	fuego en mi pecho enciendes.	
Aristeo	Oye, Eurídice bella.	895
Eurídice	Que te escuche no esperes.	
Aristeo (Aparte.)	(Cuanto de mí va huyendo	
	hacia la Gracia vuelve.)	
Eurídice	¡Gracia, de este pastor	
	me libra y me defiende!	900
Gracia	Sí haré, porque has de hallarme	
	siempre que a mí vinieres,	
	que en la ocasión estuve	
	retirada, no ausente.	
Albedrío	Mi señor Aristeo,	905
	vuesa merced despeje,	
	porque aquestas zagalas	
	de ningún modo tienen	
	sarna, ni han menester	

	el azufre a que huele.	910
	Despeje.	
Aristeo	Yo me iré	
	pues tú, Albedrío, quieres,	
	que en ti no tengo imperio	
	y es fuerza obedecerte.	
	Pero escondido quiero	915
	entre estos troncos verdes	
	quedarme, por no estar	
	sin ver ciego dos veces.	

(Escóndese en el árbol en que está la sierpe enroscada.)

Albedrío	Ya se fue echando chispas	
	como decirse suele.	920
Gracia	Pues que vuelves conmigo,	
	a la cabaña vuelve.	
Eurídice	Vamos por el camino	
	de rosas y claveles	
	tejiendo una guirnalda	925
	para la hermosa frente	
	de mi esposo; Albedrío,	
	tú de esos campos puedes	
	coger hojas y flores.	
Aristeo	Las dos hacia mí vienen.	930
	Este ramo copado	
	de cuyas hojas pende	
	la fruta, de quien es	
	el corazón la muerte,	
	con sus ramas me esconda	935

	sirviendo de canceles.
Albedrío	¡Eurídice, señora!
Eurídice	Albedrío, ¿qué quieres?
Albedrío	¿Has visto árbol más bello
	en cuantos reverdecen 940
	al beber de la aurora
	cuando lágrimas vierte
	en copas de esmeralda,
	carámbanos de nieve?
Eurídice	Por cierto el árbol es 945
	hermoso.
Gracia	No te llegues
	que a su tronco torcida
	he visto una serpiente.
Eurídice	Engáñaste que solo
	en copa y tronco tiene 950
	la ciencia con que el cielo
	supo obrarle y hacerle.
Albedrío	Llega, pues, que su fruta
	diciendo está comeme.
Gracia	No llegues, que ya sabes 955
	cuánto a tu esposo ofendes.
Albedrío	Llega, que es un penacho
	de pluma y martinetes.

Gracia	No llegues, pues que sabes dónde el peligro tienes.	960
Albedrío	Llega, que es de hoja y fruto gigante ramillete.	
Gracia	No llegues, que del cielo quizá el castigo es ese.	
Albedrío	Yerras, si te acobardas.	965
Gracia	Errarás, si te atreves.	
Eurídice	No haré, que del estudio del cielo es rasgo breve que me dice que en sí altas ciencias contiene.	970
Albedrío	Huyendo va la Gracia el miedo que le tiene.	
Eurídice	Llégate tú, Albedrío; mas, ¡cielo, el áspid viene!	
Gracia	¡Ay, Eurídice triste! pues fuiste inobediente, halla disimulada en este árbol la muerte.	975

(Vase y sale Aristeo delante del árbol.)

Eurídice	¡Ay de mí! ¿qué es aquesto?	
Aristeo	La escondida serpiente,	980

	Eurídice, soy yo,	
	que entre las hojas verdes	
	soy el áspid que dice	
	Nacianceno que muerde;	
	yo soy el escorpión	985
	que su ponzoña vierte,	
	Jerónimo lo enseña,	
	en cristales y fuentes;	
	yo soy el basilisco	
	que con la vista hiere	990
	como lo significa	
	Crisóstomo elocuente,	
	y, en fin, soy la culebra	
	que abraza y que guarnece	
	el tronco a que se enrosca,	995
	como Agustino siente.	
	Y pues soy escorpión,	
	basilisco, áspid, sierpe,	
	de mi aliento tocada	
	en ti la gracia muere.	1000
(Vase.)		
Eurídice	¡Ay, infeliz Eurídice!;	
	de un veneno inclemente	
	que el pecho me traspasa,	
	el corazón me enciende;	
	sola he quedado, ¡ay triste!,	1005
	viendo en tantos vaivenes	
	que la Gracia me deja	
	y el Albedrío me pierde.	
	¿Adónde, Gracia, estás,	
	que ya no alcanzo a verte?	1010
	¿Dónde iré cuando el cielo	

para mí se oscurece?
La tierra sepulturas
abre donde tropiece.
Los brutos, que solían   1015
lisonjearme obedientes,
garras y uñas afilan
para darme la muerte.
De mí los vientos huyen,
de mí las aves temen   1020
y enturbian sus cristales
las cristalinas fuentes.
Todo se me rebela.
¡Oh, quién rasgar pudiese
el corazón adonde   1025
mil puñales me hieren,
áspides me desgarran
y víboras me muerden!
¿Dónde iré? Sin la Gracia
no hay camino que acierte   1030
y pues que la he perdido
de vista en estos verdes
laberintos, iré
errada como siempre
tras mi loco Albedrío   1035
donde sombras crüeles
escondan mi hermosura,
aunque para esconderme
caigan, caigan los montes,
dejen las cumbres, dejen   1040
despeñar sobre mí
las cimas eminentes
y en bóvedas de riscos
me escondan y me entierren,
para que yo no vea   1045

                la luz que me aborrece.
                Perdí, perdí la Gracia,
                dióme el áspid la muerte,
                que si es morir perderla,
                mortal que peca, muere.   1050

(Vase. Salen Orfeo, Amor y Gracia.)

Orfeo   Gracia, ¿dónde está mi esposa?
                ¿Cómo te vuelves sin ella?
                Acaba, dime qué es de ella,
                ¿dónde está, dónde reposa?

Gracia   En el reino del espanto   1055
                cautiva está con eterno
                dolor; el dios del infierno
                dueño es suyo.

Orfeo   Anegue el llanto
                de los tristes ojos míos
                todos los campos presentes,   1060
                siendo los ojos dos fuentes;
                de fuentes haré los ríos,
                los ríos profundos mares,
                los mares montes de hielo,
                porque en diluvios del cielo   1065
                aneguen tantos pesares.
                ¡Ay, Amor! pues siempre has sido
                ingeniero, industria da.
                ¿Cómo mi bien se verá
                otra vez restituido   1070
                a mis brazos, a mi lecho,
                a mi regazo, a mi fe;
                cómo otra vez la podré

	dar hospedaje en mi pecho?	
Amor	Tan dulcemente enamoran	1075
	tus voces que al cielo encantan,	
	cuando tus amores cantan	
	como cuando dulces lloran,	
	y puesto que tu querella	
	moverá mezclando el tierno	1080
	llanto y dulzura al infierno,	
	baja al infierno por ella;	
	que no dudo, si veloz	
	lleva sus ecos el viento,	
	que la esfera del tormento	1085
	las puertas abra a tu voz,	
	suspendiendo el dolor todo	
	del Cocito triste y feo;	
	disponte a bajar tú, Orfeo,	
	que mi fe te dará el modo,	1090
	pues labraste un instrumento,	
	arpa con que lanzará	
	David demonios y ya	
	libre Saúl del tormento	
	que oprimido le tenía,	1095
	en su divina armonía	
	esta arpa acorde y pura	
	será una sombra y figura,	
	Orfeo, de la arpa mía.	
Orfeo	Ya deseándola estoy.	1100
Amor	Labrarla a mi modo quiero	
	de aquel tronco, aquel madero	
	mismo que el áspid mordió.	
	Si la culpa introducida	

	hoy por un árbol se advierte	1105
	el mismo árbol de la muerte	
	será el árbol de la vida.	

(Vase.)

Orfeo Tráeme el instrumento aquí;
triste estoy, rendido y solo.
Hablaré a mi padre Apolo, 1110
luz bella de quien nací
luz también, porque los dos,
Señor, pues que ya mi esencia
se engendró en tu misma ciencia,
luz de luz y Dios de Dios, 1115
no me niegues hoy tus rayos
y en el camino que intento
dame vida, dame aliento
porque cesen mis desmayos,
que no siendo alivio en mí 1120
acuérdate, alma, del cielo.

(Sale Amor con el arpa y en el mástil hecha una cruz.)

Amor No tardó mucho el consuelo;
ya el instrumento está aquí.

Orfeo Y en él mi vista repara:
contemplando sus despojos 1125
sangre llorarán mis ojos,
sangre sudará mi cara.

Amor Esta arpa dulce y clara,
el instrumento es sonoro
con trastes y cuerdas de oro 1130

	que dé números y leyes:	
	hable el libro de los Reyes,	
	dígalo San Isidoro.	
	El instrumento que ves	
	que al abismo ha de dar luz	1135
	por aquesta parte es Cruz	
	y ataúd por esta es,	
	y el instrumento es después,	
	porque la Cruz y ataúd	
	tienen tan alta virtud	1140
	que su música amorosa	
	podrá librar a tu esposa	
	de prisión y esclavitud.	
	Cruz, ataúd e instrumento	
	juntos, Orfeo, he traído:	1145
	el jeroglífico han sido	
	de un inmenso sacramento.	
	La Cruz explica tormento,	
	el ataúd muerte advierte,	
	luego el instrumento fuerte	1150
	exalto, mostrando así	
	que muy dulce es para ti	
	instrumento, ataúd y muerte.	
Orfeo	Dame ese instrumento exceso	
	de mi Amor y de mi fe.	1155
	A cuestas le llevaré	
	aunque caiga con el peso.	
	Que estoy temblando confieso.	
Amor	Sígueme que yo gobierno	
	tus pasos y el lago Averno	1160
	los dos hemos de pasar	
	del Leteo hasta tocar	

	en las puertas del infierno.	
Orfeo	No puedo pasar de aquí, que ya ese lago profundo en lo postrero del mundo me pone pavor.	1165

(Arrodilla y detiénele Amor.)

Amor	Allí está atado un barco. Di al barquero tú que quiera pasarte a esotra ribera sobre sus ondas veloces, enternézcanle tus voces, que eso solamente espera.	1170

(Canta Orfeo y sale Aqueronte con guadaña.)

Orfeo	Hola, barquero importuno de las olas del Leteo.	1175
Aqueronte	¿Quién llama? Porque no creo que hasta hoy me llamó alguno. Mas ¿qué es esto que miro? ¿Yo temo, me acobardo y me retiro? ¿Un hombre hay que me pida pasaje a esotra parte de la vida y atreverme no puedo? ¿Quién eres tú, que te he tenido miedo? Ninguno aquí ha llegado que no me haya temido y admirado y hoy con igual extremo confieso que te admiro y que te temo.	1180 1185

	Y porque veas si es mucha	
	la causa de este horror, atiende, escucha.	
	Este piélago feo,	1190
	selva de negras ondas, es Leteo	
	que significa olvido	
	y es río de la muerte su apellido,	
	pues en ella se olvida	
	todo el aplauso de la humana vida.	1195
	Yo, que soy su barquero,	
	Aqueronte me llamo porque infiero	
	que triste significa	
	y el griego nombre a mi deidad aplica	
	esta naturaleza	1200
	porque yo soy la pálida tristeza.	
	Luego que soy se prueba de esta suerte	
	Aqueronte, Leteo, olvido y muerte,	
	y ya que todo he sido	
	podrán muerte y olvido	1205
	pasarse a ti, si tienes	
	tanto poder que vivo hasta aquí vienes;	
	dándote yo licencia	
	no has de vencerme en esta competencia.	
Orfeo	Pues no puede mi llanto,	1210
	muévate la dulzura de mi canto.	
(Canta.)	Atrévete, muerte, a mí,	
	que quien es con hechos tales	
	atrevida para todos,	
	no sea para mi cobarde.	1215
	Mortal soy, pues soy humano.	
	Llega, pues, por esta parte,	
	atrévete muerte a mí	
	para que tus ondas pase.	

(Lleva Aqueronte a la barca a Orfeo y entran los tres en ella.)

Aqueronte	Vencido me ha tu canto,	1220
	tanto suspende y enamora tanto	
	al río de la muerte.	
	Ven, que quiero pasarte.	
Orfeo	¡Trance fuerte!	
Amor	Ya la estéril orilla	
	tocas y a cielo y tierra maravilla	1225
	este grande portento,	
	pues hace el cielo y tierra sentimiento,	
	cuando tu pecho fuerte	
	quiere sulcar las olas de la muerte.	
Orfeo	Amor, ¿en qué me has puesto?	1230
	Solo el Amor pudo obligarme a esto.	
Amor	Puesto que el cisne eres	
	y él canta cuando muere,	
	imítele en el llanto	
	la voz enternecida de tu canto,	1235
	porque ablande la ira	
	de este eclipse mortal que al mundo admira.	
Orfeo	Atrévete, muerte, a mí	
	que quien es con hechos tales	
	atrevida para todos,	1240
	no sea para mi cobarde.	
	Mortal soy, pues soy humano.	
	Llega pues por esta parte,	
	atrévete, muerte, a mí	
	para que tus ondas pase.	1245

(Pasa la barca por el tablado cantando Orfeo y se van y salen Aristeo y Eurídice del hueco de una serpiente.)

Aristeo   Este, Eurídice, triste que en el centro
de la tierra se ve palacio oscuro
y a los rayos del Sol sale al encuentro
porque aborrezca resplandor tan puro,
este Cocito lóbrego que dentro   1250
de su vientre voraz, horrible y duro
las sombras guarda, las tinieblas cierra,
este, pues, formidable de la tierra
lugar de fuego, piélago profundo,
calabozo de horror, casa de muerte,   1255
centro de la miseria es aunque inmundo,
bóveda tenebrosa, prisión fuerte,
Tártaro horrible, corazón del mundo,
Báratro triste, miserable suerte,
perpetua confusión, dolor eterno,   1260
pena sin redención es el infierno.
Mira si dije bien que me llamaba
príncipe grande y de inmortal trofeo,
cuando en aquel disfraz pastor te amaba
con el nombre fingido de Aristeo;   1265
hoy que la alegoría en mí se acaba
Plutón me nombro, en cuyo nombre leo
ser absoluto dueño del Leteo.
Hablen testigos ciertos
que construyen Plutón Dios de los muertos.   1270

Eurídice   Plutón, yo quebranté el justo precepto
de mi esposo, pues necia y atrevida
al árbol me atreví, donde el efecto
vi de mi muerte con tu aliento herida.

	Perdí la Gracia, deslustré el sujeto	1275
	e introduje la muerte por la vida.	
	Cautiva estoy, pero liberarme espero,	
	pues confieso que aquí forzada muero.	
Aristeo	Eurídice, has de ser esposa mía.	
(Terremoto.)		
	¿Mas qué temblor me ha dado?	1280
	Parasismo de luz padece el día:	
	sin que las leyes y costumbres guarde,	
	sale de su prisión la noche fría	
	haciendo de su luz oscura alarde,	
	suelto el cabello, descogido el manto,	1285
	envuelta en sombras y bañada en llanto,	
	bandolera del Sol ha parecido,	
	pues a darle la muerte sale al paso	
	y es verdad que en su púrpura teñido	
	le deja, ¡triste horror!, ¡funesto caso!,	1290
	la faz sangrienta, el corazón herido,	
	y antes que entre en los rayos del ocaso	
	derramando su luz, cenizas bellas,	
	cadáveres del Sol son las estrellas.	
	Pálido está el semblante de la Luna	1295
	que como es esplendor participado	
	mengua y corre con él una fortuna,	
	esqueleto de luz yerto y helado.	
	Las estrellas también con la importuna	
	tragedia del eclipse se han mezclado.	1300
	Caos es el cielo y anda todo junto	
	como casa de príncipe difunto.	
	Ya enlutada se ve una y otra esfera,	
	ya un túmulo levantan en el cielo,	

        ya el orbe, que su ruina considera,   1305
        con suspiros abrasa el negro velo.
        Efímera cruel, cuartana fiera
        le ha dado al universo, pues de un hielo
        se cubre y con presteza bostezando
        dando piedra con piedra está temblando.   1310
        Morir el Sol, la Luna oscurecerse,
        las estrellas faltar, el cielo abrirse,
        enlutarse la tierra, corromperse
        el orden, su armonía confundirse,
        temblar el orbe, el mar entristecerse,   1315
        nada guardar su ser, todo morirse,
        o expira cielo y tierra o algún fuerte
        Dios pasa por el río de la muerte.
        Sobre la sierpe, monstruo coronado
        que de un vientre engendró siete gargantas   1320
        que son las siete bocas del pecado,

(Pónese sobre la sierpe.)

        hidra feroz que respiró por tantas,
        delfín del viento, hipogrifo alado,
        mi soberbia crüel tengo a las plantas.
        Ya estoy aquí para mirar qué es esto;   1325
        solo en un árbol miro un hombre puesto.

(Orfeo en la Cruz en lo alto y salen Albedrío y el Amor.)

Amor   Ya que sobre el negro río
              las ondas, Señor, pasaste,
              porque vencida la muerte
              se quedó de esotra parte,   1330
              sobre ese árbol eminente,
              parda columna de jaspe,

	para ablandar a Plutón,	
	será forzoso que cantes	
	aquel tono que compuso	1335
	el rey que venció al gigante.	

(Va bajando Orfeo cantando.)

Orfeo	Abrid las puertas, abrid	
	las aldabas de diamante	
	a vuestro Señor que viene	
	hoy a visitar la cárcel.	1340
Aristeo	¿Quién es este, quién es este	
	que tiene poder tan grande?	
	¿Donde todos lloran, cómo	
	es posible que uno cante?	
	¿Quién eres tú que a las puertas	1345
	de los infiernos llegaste	
	glorioso?	
Orfeo	El Divino Orfeo	
	quiere el cielo que me llame.	
Aristeo	¿Cómo a bajar te atreviste	
	a este centro miserable?	1350
Orfeo	Con divinidad unido.	
Aristeo	¿Y cómo allá te quedaste?	
Orfeo	Unido a la humanidad.	
Aristeo	¿Cómo este río pasaste?	

Orfeo	Venciendo con armonía 1355 a la muerte, que es su alcaide.
Aristeo	¿Pues cómo a mí no me vences y obligas a que te mate?
Orfeo	Porque solo en quien yo quiero efectos mis voces hacen. 1360
Aristeo	¿Quieres, pues, hacerle en mí?
Orfeo (Canta.)	Sí haré. Dame, Plutón, dame a Eurídice, que es mi esposa, que hoy en las tinieblas yace.
Aristeo	Murió a la gracia y es mía 1365 y no ha de poder librarse.
Orfeo (Canta.)	Restituirla a mi gracia podrá mi canto süave. Abrid las puertas, abrid las aldabas de diamante 1370 a vuestro Señor que viene hoy a visitar la cárcel.

(Ábrense las puertas y sale Eurídice.)

Aristeo	¿Quién es este que en su canto encierra virtud tan grande? Tus voces me atemorizan 1375 y si el canto vence al áspid, áspid soy y de tu canto vencido estoy, no me mates. Esa es tu esposa, esa es

	que ya de prisiones sale;	1380
	mas con una condición;	
	oíd, atended mortales,	
	que cada vez que perdiere	
	la gracia de que hoy se vale	
	y tú la vuelvas el rostro,	1385
	(porque el volverle y negarle	
	es fuerza a quien te ofendiere)	
	ha de volver a mi cárcel.	
Eurídice	Estas finezas, Señor,	
	los serafines alaben,	1390
	los ángeles las refieran,	
	los querubes las ensalcen,	
	cuando en incesables voces	
	tres veces santo te llamen.	
Orfeo	Del vestido de la culpa	1395
	ven esposa a desnudarte;	
	ya sabes la condición	
	con que de la culpa sales.	
	Pues para que no te pierdas	
	de vista y siempre delante	1400
	me traigas, mirando siempre	
	las señas de mi semblante,	
	debajo del pan y vino,	
	en la Hostia y en el Cáliz	
	han de quedarse contigo	1405
	juntos mi cuerpo y mi sangre.	
Aristeo	De aqueste dragón feroz	
	en sus entrañas voraces	
	me sepulto, donde tenga	
	desdichas siempre inmortales.	1410

(Éntrase por la boca de la sierpe con fuego.)

Orfeo (Canta.)	Todas las puertas del cielo	
	se eleven y se levanten,	
	pues vuelve el divino Orfeo	
	resplandeciente y triunfante.	
Eurídice	Los mortales te bendigan	1415
	y tus misterios alaben	
	y hasta espíritus impuros	
	hoy tus alabanzas canten.	
Albedrío	Y el moralizado Orfeo,	
	dulce lira a los mortales,	1420
	da fin y tenga principio	
	señores el perdonarle	
	al autor, pues tan rendido,	
	humilde a esas plantas yace,	
	si el deseo de serviros	1425
	no bastare a que lo alcance.	
	Fin	

Libros a la carta

A la carta es un servicio especializado para
empresas,
librerías,
bibliotecas,
editoriales
y centros de enseñanza;
y permite confeccionar libros que, por su formato y concepción, sirven a los propósitos más específicos de estas instituciones.

Las empresas nos encargan ediciones personalizadas para marketing editorial o para regalos institucionales. Y los interesados solicitan, a título personal, ediciones antiguas, o no disponibles en el mercado; y las acompañan con notas y comentarios críticos.

Las ediciones tienen como apoyo un libro de estilo con todo tipo de referencias sobre los criterios de tratamiento tipográfico aplicados a nuestros libros que puede ser consultado en Linkgua-ediciones.com.

Linkgua edita por encargo diferentes versiones de una misma obra con distintos tratamientos ortotipográficos (actualizaciones de carácter divulgativo de un clásico, o versiones estrictamente fieles a la edición original de referencia).

Este servicio de ediciones a la carta le permitirá, si usted se dedica a la enseñanza, tener una forma de hacer pública su interpretación de un texto y, sobre una versión digitalizada «base», usted podrá introducir interpretaciones del texto fuente. Es un tópico que los profesores denuncien en clase los desmanes de una edición, o vayan comentando errores de interpretación de un texto y esta es una solución útil a esa necesidad del mundo académico.

Asimismo publicamos de manera sistemática, en un mismo catálogo, tesis doctorales y actas de congresos académicos, que son distribuidas a través de nuestra Web.

El servicio de «libros a la carta» funciona de dos formas.

1. Tenemos un fondo de libros digitalizados que usted puede personalizar en tiradas de al menos cinco ejemplares. Estas personalizaciones pueden ser de todo tipo: añadir notas de clase para uso de un grupo de estudiantes, introducir logos corporativos para uso con fines de marketing empresarial, etc. etc.

2. Buscamos libros descatalogados de otras editoriales y los reeditamos en tiradas cortas a petición de un cliente.

www.ingramcontent.com/pod-product-compliance
Lightning Source LLC
Chambersburg PA
CBHW031502040426
42444CB00007B/1182